Anthony de Mello
Weise Weihnachten

W0094509

Anthony de Mello

Weise Weihnachten

HERDER

FREIBURG · BASEL · WIEN

ANTHONY DE MELLO, 1931–1987, geboren in Mumbai (Bombay), studierte nach seinem Eintritt in den Jesuitenorden Philosophie, Theologie und Psychologie in Barcelona, Poona, Chicago und Rom. Gründer und Leiter eines spirituellen Beratungs- und Ausbildungszentrum in Lonavla in Indien. Weltweit bekannter Weisheitslehrer.

Inhalt

Weise Weihnachten

Vorwort

Nein, Sie haben keinen Druckfehler gefunden! In diesem Band mit Texten von Anthony de Mello geht es nicht um die Schnee-Träume einer »weißen Weihnacht«, sondern um das Aufwachen zur Lebensweisheit. *Weise* Weihnachten im Sinn Anthony de Mellos bedeutet: wach werden und glücklich sein.

Das Besondere an de Mellos Lebenskunst ist die Maske des Narren: Er liebt es, verblüffende Geschichten zu erzählen. Daher ist der »Weihnachtsmann«, der auf dem Umschlag und innen immer wieder zu sehen ist, ein schönes Motiv für dieses De-Mello-Weihnachtsbuch. Denn eigentlich versteckt sich hinter der »harmlosen« Figur des Weihnachtsmanns der

heilige Nikolaus, einer der größten Heiligen des Christentums. Und ebenso verbirgt sich unter der Maske der heiteren und unterhaltsamen Geschichten Anthony de Mellos eine verblüffende spirituelle Weisheit. Spiritualität heißt für ihn einfach: klare Sicht gewinnen auf die Wirklichkeit. Und was könnte besser auf das Weihnachtsfest einstimmen: Denn hinter all dem echten und falschen Goldglanz der Weihnachtszeit liegt nach wie vor eine ungeheuer herausfordernde und ermutigende Botschaft, die nicht auf einen fernen Himmel, sondern auf die Erde zeigt: Mach's wie Gott, werde Mensch!

Eine vergnügliche und erleuchtende Lektüre Anthony de Mellos wünscht Ihnen

Ihr Verlag Herder

1

AUFWACHEN

Träume und Tatsachen

Jemand fragte mich einmal: »Wie ist denn Erleuchtetsein? Wie ist es denn, wach geworden zu sein?« Es ist wie mit dem Landstreicher in London, der sich für die Nacht einrichtete. Kaum eine Brotkruste hatte er zu essen bekommen. Er erreichte das Ufer der Themse. Im leichten Nieselregen zog er seinen zerschlissenen Mantel fester um sich. Er wollte gerade einschlafen, als auf einmal ein Rolls-Royce mit Chauffeur anhielt. Eine schöne junge Dame stieg aus und sagte zu ihm: »Sie armer Mann, wollen Sie etwa die Nacht hier am Ufer verbringen?« Darauf erwiderte der Landstreicher: »Ja.« Die Frau entgegnete: »Das werde ich nicht zulassen. Sie kommen mit in mein Haus und werden dort bequem übernachten, nachdem Sie gut zu Abend gegessen haben.« Sie bestand darauf, dass er einstieg.

Also fuhren sie aus London hinaus und kamen zu einer großen Villa in einem weiten Park. Dem Butler, der sie ins Haus führte, sagte die Dame: »James, sorgen Sie bitte dafür, dass er ein Dienstbotenzimmer bekommt und es ihm an nichts fehlt.« James tat, wie ihm geheißen. Die junge Dame hatte bereits die Kleider abgelegt, um ins Bett zu gehen, als ihr plötzlich wieder ihr Übernachtungsgast einfiel. Also zog sie sich etwas über und ging den Gang entlang zu den Dienstbotenzimmern. Unter der Tür des Landstreichers fiel ein Lichtstreifen hindurch.

Sie klopfte behutsam an die Tür, öffnete sie und sah, dass der Mann noch wach war. Sie sagte zu ihm: »Was ist, guter Mann, haben Sie kein rechtes Essen bekommen?« Darauf erwiderte er: »In meinem ganzen Leben habe ich noch kein besseres Essen gehabt, meine Dame.« – »Haben Sie warm genug?« »Ja, ein schönes, warmes Bett.« – »Vielleicht brauchen Sie ein bisschen Gesellschaft. Wollen Sie nicht

ein Viertelstündchen zu mir herüberkommen?« Dann rückte sie näher zu ihm, und er rutschte näher zu ihr und fiel genau in die Themse.

Ätsch! Damit haben Sie bestimmt nicht gerechnet! Erleuchtung! Wachen Sie auf. Wenn Sie bereit sind, Ihre falschen Vorstellungen gegen die Wirklichkeit einzutauschen, wenn Sie bereit sind, Ihre Träume gegen Tatsachen einzutauschen, ist das der Weg, auf dem Sie alles finden können, auf dem das Leben Sinn erhält – und das Leben wird schön.

Wunschdenken

Oder die Geschichte von Ramirez: Ramirez ist schon alt und lebt in seiner Burg hoch oben auf dem Berg. Er schaut zum Fenster hinaus (er ist gelähmt und liegt im Bett) und sieht seinen Feind. Alt wie er ist und auf einen Stock gestützt, erklimmt der Feind den Berg – langsam und beschwerlich. Nach etwa zweieinhalb Stunden ist er endlich oben angelangt. Doch Ramirez kann nichts tun, weil die Diener ihren freien Tag haben. So öffnet der Feind die Tür, geht geradewegs zum Schlafzimmer, greift mit der Hand in den Mantel und zieht eine Waffe hervor. Er sagt: »Endlich, Ramirez, werden wir unsere Rechnung begleichen!« Ramirez versucht alles, um ihm sein Vorhaben auszureden: »Komm schon, Borgia, das kannst du doch nicht tun. Du weißt genau, dass ich nicht mehr derselbe bin, der dich vor Jahren als junger Springinsfeld übel traktiert hat; und du bist

auch nicht mehr derselbe junge Bursche. Hör schon auf damit!«

»O nein«, erwidert sein Feind, »deine schönen Worte können mich nicht von meiner göttlichen Mission abbringen. Ich will Rache, und du kannst mich nicht davon abhalten.« Ramirez antwortet: »Doch, kann ich!« – »Und wie?« fragt sein Feind. – »Ich kann wach werden«, sagt Ramirez. Und das tat er; er wurde wach! Das ist Erleuchtung. Wenn Ihnen jemand sagt: »Da kannst du gar nichts machen«, sagen Sie: »Und ob! Ich kann wach werden.« Und auf einmal ist das Leben nicht mehr der Albtraum, als der es erschien. Wachen Sie auf!

Jemand kam zu mir, um mir eine Frage zu stellen. Was meinen Sie wohl, wie seine Frage lautete? Er fragte mich: »Sind Sie erleuchtet?« Und was glauben Sie, wie meine Antwort war? »Was hat das schon zu sagen!«

Möchten Sie eine bessere Antwort? Meine Antwort wäre dann: »Wie kann ich es wissen? Wie können Sie es wissen? Was hat das schon

zu sagen?« Wissen Sie was? Wenn Sie etwas zu sehr wollen, haben Sie große Probleme. Wissen Sie noch etwas? Wenn ich erleuchtet wäre und Sie würden mir nur deswegen zuhören, hätten Sie wirklich große Probleme. Möchten Sie von einem Erleuchteten in Ihrem Willen beeinflusst werden? Sie können von jedem beeinflusst werden. Was spielt das schon für eine Rolle, ob jemand erleuchtet ist oder nicht? Aber sehen Sie, wir möchten uns an jemanden anlehnen, oder? Wir möchten uns auf jemanden stützen, von dem wir glauben, dass er es geschafft hat. Wir hören gern, dass Leute es geschafft haben. Es gibt uns Hoffnung, nicht wahr? Auf was wollen Sie denn hoffen? Ist das nicht nur eine andere Form von Wunschdenken?

Drei Gründe

Die meisten Leute schlafen, ohne es zu wissen. Sie wurden schlafend geboren, sie leben schlafend, sie heiraten im Schlaf, erziehen im Schlaf ihre Kinder und sterben im Schlaf, ohne jemals wach geworden zu sein. Niemals verstehen sie den Reiz und die Schönheit dessen, was wir »menschliches Leben« nennen. […]

Vor einiger Zeit hörte ich im Radio die Geschichte von einem Mann, der an die Zimmertür seines Sohnes klopft und ruft: »Jim, wach auf!«

Jim ruft zurück: »Ich mag nicht aufstehen, Papa.« Darauf der Vater noch lauter: »Steh auf, du musst in die Schule!«

»Ich will nicht zur Schule gehen.«

»Warum denn nicht?«, fragt der Vater.

»Aus drei Gründen«, sagt Jim. »Erstens ist es so langweilig, zweitens ärgern mich die Kinder und drittens kann ich die Schule nicht ausstehen.«

Der Vater erwidert: »So, dann sag ich dir drei Gründe, wieso du in die Schule musst: Erstens ist es deine Pflicht, zweitens bist du 45 Jahre alt und drittens bist du der Klassenlehrer.« Also aufwachen, aufwachen! Du bist erwachsen geworden, du bist zu groß, um zu schlafen. Wach auf! Hör auf, mit deinem Spielzeug zu spielen.

Alles wird schön!

Stellen Sie sich vor, Sie fühlen sich nicht wohl und sind schlechter Laune. Dabei werden Sie durch eine wunderbare Landschaft gefahren. Die Gegend ist herrlich, aber Sie sind nicht in der Stimmung, etwas aufzunehmen. Ein paar Tage später kommen Sie wieder an diesem Ort vorbei und rufen aus: »Nicht zu glauben! Wo war ich nur, dass ich das alles nicht gesehen habe?«

Alles wird schön, wenn Sie selbst sich ändern.

Oder Sie schauen durch regennasse Fensterscheiben auf Wälder und Berge, und alles sieht verschwommen und formlos aus. Am liebsten würden Sie hinausgehen und diese Bäume und Berge verändern. Doch warten Sie, untersuchen wir erst einmal Ihr Fenster. Wenn der Sturm sich legt und der Regen nachlässt

und Sie durch das Fenster schauen, stellen Sie fest: »Alles sieht auf einmal anders aus.«

Wir sehen Menschen und Dinge nicht so, wie sie sind, sondern wie wir sind. Darum ist es auch zweierlei, wenn zwei Menschen ein Ding oder einen anderen Menschen betrachten. Wir sehen Dinge und Menschen nicht wie sie sind, sondern wie wir sind.

Die Blockaden lösen

Haben Sie schon einmal angehalten, um einen Stein oder einen Nagel vom Weg aufzuheben, damit sich niemand daran verletzt? Es spielt dabei keine Rolle, dass Sie denjenigen, dem dies zugute kommt, niemals kennen und Sie keine Anerkennung für Ihre Tat ernten werden. Sie tun es einfach aus einem Grundgefühl der Freundlichkeit heraus.

Oder hat Sie schon einmal eine leichtfertige Zerstörung anderswo in der Welt betroffen gemacht, zum Beispiel die Rodung eines Waldes, den Sie nie sehen und von dem Sie nie etwas haben werden? Haben Sie sich schon einmal die Mühe gemacht, einem Fremden den Weg zu zeigen, obwohl Sie ihn nicht kannten und ihm auch niemals wieder begegnen werden, einfach deshalb, weil es Sie drängte zu helfen?

Dabei und bei vielen anderen Gelegenheiten wurde Liebe in Ihrem Leben sichtbar und

zeigte an, dass sie in Ihnen lebendig ist und darauf wartet, freigesetzt zu werden.

Wie können Sie sich solche Liebe aneignen?

Gar nicht, denn Sie besitzen sie schon.

Das Einzige, was Sie tun können, ist: die Sperren, die Sie gegen Ihr Empfinden aufgerichtet haben, zu beseitigen.

Wo dein Herz ist

Gott sagt: »Gib mir dein Herz!« Und dann, als er meine Verlegenheit sieht, höre ich seine Antwort: »Wo dein Schatz ist, da ist auch dein Herz.« Meine Schätze – das sind: Menschen … Orte … Tätigkeiten … Dinge … Erfahrungen von früher … Zukunftshoffnungen und -träume … In dem Maß, wie mein Herz in diesen vergangenen Schätzen ist, bin ich versteinert und tot, denn Leben ist nur im Gegenwärtigen. So sage ich denn all diesen vergangenen Schätzen, diesen goldenen Gestern, lebt wohl. Jedem Einzelnen erkläre ich, dass ich ihm zwar dankbar bin, dass er in mein Leben getreten ist, aber dass er nun gehen müsse, weil mein Herz sonst nie lernen würde, die Gegenwart zu lieben …

Mein Herz ist auch in der Zukunft. Seine ängstliche Sorge um das, was morgen sein wird, lässt wenig Energie übrig, um ganz im Heute zu leben. Mein Herz ist in meinen Träumen,

Wünschen, Hoffnungen, die mich in Zukunfts-
vorstellungen leben lassen. Ich sage zu jeder
Einzelnen: »Lass Gottes Willen geschehen, lass
ihn mit dir machen, was er für richtig hält.«

Nun überschaue ich meine augenblickli-
chen Schätze: Jedem geliebten Menschen sage
ich voll Zärtlichkeit: »Du bist mir so kostbar,
aber du bist nicht mein Leben. Ich muss ein Leben leben, einem Schicksal begegnen, das anders ist als du« … Ich sage zu den Dingen, die
scheinbar mein eigenstes Sein ausmachen:
meine Gesundheit, meine Vorstellungen, mein
guter Name, mein Ruf … ja, ich sage es sogar
zu meinem Leben, das eines Tages dem Tod un-
terliegen muss: »Ihr seid begehrenswert und
kostbar, aber ihr seid nicht mein Leben. Mein
Leben und mein Geschick sind anderswo.« Zuletzt stehe ich allein vor dem Herrn. Ich gebe
ihm mein Herz. Ich sage: »Du, Herr, bist mein
Leben. Du bist mein Geschick.«

Wo die Liebe wohnt

Zwei Brüder, der eine verheiratet, der andere nicht, besaßen eine Farm, deren fruchtbarer Boden reichlich Korn hervorbrachte. Die Ernte wurde zwischen den Brüdern geteilt.

Zuerst ging alles gut. Doch auf einmal begann der verheiratete Bruder nachts aufzuschrecken und dachte: »Das ist nicht gerecht. Mein Bruder ist nicht verheiratet, und er bekommt die halbe Ernte. Ich dagegen habe Frau und fünf Kinder, sodass mein Alter gesichert ist. Aber wer wird für meinen armen Bruder sorgen, wenn er alt ist? Er muss viel mehr für die Zukunft sorgen, als er es im Augenblick tut, deshalb ist sein Bedarf bestimmt größer als der meine.«

Bei diesen Gedanken stand er auf, schlich sich hinüber zu der Behausung seines Bruders und schüttete einen Sack Korn in dessen Scheune.

Auch der Junggeselle begann von diesen nächtlichen Anwandlungen überfallen zu werden. Ab und zu fuhr er aus dem Schlaf hoch und sagte sich: »Das ist einfach nicht gerecht. Mein Bruder hat eine Frau und fünf Kinder, und er bekommt die Hälfte der Ernte. Ich aber muss nur mich selbst versorgen. Ist es also richtig, dass mein Bruder, dessen Bedarf bestimmt größer ist als der meine, genauso viel bekommt wie ich?« Also stand er auf und schüttete einen Sack Korn in die Scheune seines Bruders.

Eines Nachts standen sie gleichzeitig auf und trafen sich, jeder mit einem Sack Korn auf dem Rücken.

Viele Jahre nach ihrem Tod wurde die Geschichte bekannt, und als die Bürger einen Tempel errichten wollten, bauten sie ihn dort, wo sich die beiden Brüder getroffen hatten, denn das schien ihnen der heiligste Platz der Stadt zu sein.

Der entscheidende religiöse Unterschied
liegt nicht zwischen denen, die Gott
verehren, und jenen, die ihn nicht verehren,
sondern zwischen denen, die lieben,
und jenen, die nicht lieben.

Deine Pflicht

Eine Frau lag im Koma. Plötzlich hatte sie das Gefühl, sie käme in den Himmel und stände vor dem Richterstuhl.

»Wer bist du?«, fragte eine Stimme.

»Ich bin die Frau des Bürgermeisters«, erwiderte sie.

»Ich habe nicht gefragt, wessen Ehefrau du bist, sondern wer du bist.«

»Ich bin die Mutter von vier Kindern.«

»Ich habe nicht gefragt, wessen Mutter du bist, sondern wer du bist.«

»Ich bin Lehrerin.«

»Ich habe nicht nach deinem Beruf gefragt, sondern wer du bist.«

Und so ging es weiter. Alles, was sie erwiderte, schien keine befriedigende Antwort auf die Frage zu sein: »Wer bist du?«

»Ich bin eine Christin.«

»Ich fragte nicht, welcher Religion du angehörst, sondern wer du bist.«

»Ich bin die, die jeden Tag in die Kirche ging und immer den Armen und Hilfsbedürftigen half.«

»Ich fragte nicht, was du tatest, sondern wer du bist.«

Offensichtlich bestand sie die Prüfung nicht, denn sie wurde zurück auf die Erde geschickt. Als sie wieder gesund war, beschloss sie herauszufinden, wer sie war. Und darin lag der ganze Unterschied.

Deine Pflicht ist es zu sein.
Nicht irgendjemand, nicht ein Niemand –
denn darin liegt Habgier und Ehrgeiz –,
nicht dies oder jenes zu sein –
und dadurch abhängig zu werden –,
sondern einfach zu sein.

Innerer Friede: Eine Übung

1. Wählen Sie dafür feinere Körperempfindungen, das Atmen oder leise Geräusche mit dem grundlegenden Ziel, Ihre Aufmerksamkeit zu schärfen.

2. Wenn Ihre Aufmerksamkeit vom Mittelpunkt der Betrachtung abgelenkt wird, lassen Sie sich davon nicht beunruhigen, sondern sagen Sie sich beispielsweise: »Jetzt denke ich nach« – »Jetzt werde ich gestört« – »Jetzt höre ich auf etwas« … und kehren Sie dann langsam wieder zu Ihrer nur beobachtenden Aufmerksamkeit zurück. […]

3. Um mit Gott in dieser Stille zu kommunizieren, stellen Sie sich vor, dass Sie ihn mit jedem Atemzug empfangen und sich mit jedem Ausatmen ihm hingeben. Stellen Sie sich vor, dass jeder Atemzug einem Wunsch Gottes ent-

spricht, den er an uns hat, und dass jedes Ausatmen Ausdruck des Wunsches unserer Hingabe
an ihn ist. Wenn wir einatmen, sagt Gott »Ja«
zu uns, akzeptiert er uns, wie wir jetzt sind, mit
unserer Vergangenheit und unserer Zukunft.
Wenn wir ausatmen, geben wir uns Gott hin,
geben wir uns in seine Hände und ergeben uns
seinem Willen, und so wird alles Harmonie und
Friede.

4. Wenn Sie sich friedlich fühlen, beenden Sie
die Übung.

2

DIE FESSELN LÖSEN

Das Lied der Engel

Die Zeit musste reif sein,
der Ort gerade richtig,
die Umstände so weit,
dass ich geboren werden konnte.

Gott wählte die Eltern für seinen Sohn
und stattete sie mit den Gaben aus,
die sie für das Kind brauchten,
das ihnen geboren werden sollte.
Ich rede zu Gott über den Mann und die Frau,
die er für mich als Eltern wählte,
so lange, bis ich sehe,
dass sie so sein mussten, wie sie waren,
wenn ich so werden sollte,
wie Gott mich haben wollte.

Das Christuskind kommt,
wie jedes andere Kind,
um der Welt eine Botschaft zu bringen.
Was für eine Botschaft soll ich bringen?
Ich bitte den Herrn, mir zu raten,
wie ich sie in einem Wort oder Bild
ausdrücken kann.

Christus kommt in diese Welt,
um einen bestimmten Weg zu gehen,
eine bestimmte Sendung zu erfüllen.
Er erfüllte gewissenhaft,
was über ihn »geschrieben« steht.

Wenn ich zurückschaue,
sehe ich mit Staunen,
was in meinem eigenen Leben
»geschrieben« stand
und ungefähr erfüllt wurde.
Und für jeden Abschnitt dieser Schrift,
sei er auch noch so klein, sage ich »Dank«,
um ihn durch meine Dankbarkeit zu heiligen.

Ich schaue erwartungsvoll und ergeben
nach allem aus, was kommen wird,
und spreche mit Christus: »Ja. Es geschehe.«

Zum Schluss denke ich
an den Gesang der Engel
bei der Geburt Christi.
Sie sangen von Frieden
und Freude zur Ehre Gottes.

Habe ich je den Gesang gehört,
den die Engel sangen, als ich geboren wurde?

Ich sehe voll Freude,
was ich dazu beigetragen habe,
dass die Welt besser wird,
und ich stimme in das Lied der Engel ein,
das sie sangen, als sie meine Geburt
verkündigten.

Miteinander

Wir alle hängen voneinander in verschiedenster Hinsicht ab, oder nicht? Wir hängen vom Metzger ab, vom Bäcker, vom Glühbirnenhersteller. Gegenseitige Abhängigkeit. So ist das! Nach diesem Schema weisen wir verschiedenen Menschen verschiedene Funktionen zu – zum Wohle aller, damit wir besser funktionieren und effizienter leben – das hoffen wir zumindest. Aber voneinander psychologisch abhängig zu sein – voneinander gefühlsmäßig abzuhängen – was bedeutet das eigentlich? Es bedeutet, von einem anderen Menschen in puncto Glück abzuhängen.

Wenn Sie das tun, wird das Nächste, was Sie tun werden, sein – ob Sie sich dessen bewusst sind oder nicht –, zu verlangen, dass andere Leute zu Ihrem Glück beitragen. Dann wird der nächste Schritt folgen: Angst – Angst vor Verlust, vor Entfremdung, vor Zurückweisung,

gegenseitiger Kontrolle. Vollkommene Liebe vertreibt Angst. Wo Liebe ist, gibt es keine Ansprüche, keine Erwartungen, keine Abhängigkeit. Ich verlange nicht, dass du mich glücklich machst; mein Glück ist nicht in dir begründet. Wenn du mich verlassen würdest, würde ich mich nicht bedauern; ich genieße deine Gesellschaft über alle Maßen, aber ich klammere mich nicht an. Ich genieße sie, ohne mich festzuklammern. Was ich eigentlich genieße, bist nicht du, es ist etwas, das größer ist als wir beide. Es ist etwas, das ich entdeckt habe, eine Art Sinfonie, eine Art Orchester, das in deiner Gegenwart eine Melodie spielt, doch wenn du gehst, hört das Orchester nicht auf zu spielen. Begegne ich jemand anderem, spielt es eine andere Melodie, die auch wunderbar ist. Und bin ich alleine, spielt es weiter. Es hat ein großes Repertoire und hört nie auf zu spielen.

Ich bin ein Narr

Ein Hundetrainer versucht, einen Hund zu verstehen, damit er ihm beibringen kann, bestimmte Dinge zu tun. Ein Wissenschaftler beobachtet das Verhalten von Ameisen und will nichts weiter, als eben Ameisen beobachten, um dabei so viel wie möglich über sie zu lernen. Er hat kein anderes Ziel. Er versucht nicht, sie zu dressieren oder irgendetwas anderes mit ihnen anzustellen. Er interessiert sich für Ameisen, er will möglichst viel über sie erfahren. Das ist seine Einstellung. An dem Tag, da Sie diese Einstellung besitzen, werden Sie ein Wunder erleben. Sie werden sich verändern – mühelos und auf die richtige Art und Weise. Die Veränderung wird einfach geschehen, Sie werden nichts dazu tun müssen. Wenn ein Leben des Bewusstwerdens sich über Ihre Dunkelheit breitet, wird alles Böse verschwinden. Das Gute wird hervortreten. Sie werden es an sich selbst erfahren müssen.

Doch dafür bedarf es der Disziplin. Und wenn ich Disziplin sage, meine ich nicht Anstrengung. Ich spreche von etwas anderem. Haben Sie schon einmal Athleten beobachtet? Ihr ganzes Leben ist Sport, doch sie führen ein diszipliniertes Leben. Und betrachten Sie doch einmal einen Fluss, der zum Meer fließt. Er schafft sich seine eigenen Dämme, die ihn wiederum eindämmen. Wenn es etwas in Ihnen gibt, das sich in die richtige Richtung bewegt, schafft es sich seine eigene Disziplin. Der Augenblick, da Sie die Bewusstheit erfasst, ist großartig! Es ist die wichtigste Sache der Welt. Es gibt nichts Wichtigeres, als wach zu werden. Nichts! Natürlich ist es auch auf seine eigene Art und Weise Disziplin.

Es gibt nichts Schöneres, als bewusst zu leben. Oder würden Sie lieber in Dunkelheit leben? Würden Sie lieber handeln und sich Ihres Tuns nicht bewusst sein, sprechen und sich Ihrer Worte nicht bewusst sein? Würden Sie lieber Menschen zuhören und sich nicht bewusst sein, was Sie hören, Dinge sehen und sich nicht

bewusst sein, was Sie betrachten? Sokrates sagte: »Das unbewusste Leben ist es nicht wert, gelebt zu werden.« Eine selbstverständliche Wahrheit. Die meisten Menschen leben nicht bewusst. Sie leben mechanisch, denken mechanisch – im Allgemeinen die Gedanken anderer –, fühlen mechanisch. [...]

Es kommen Menschen in mein Zentrum in Indien und sagen: »Was für ein schöner Ort, diese schönen Räume« (für die ich überhaupt nicht verantwortlich bin), »dieses herrliche Klima!« Und schon fühle ich mich gut, bis ich mich dabei erwische, dass mir das gut getan hat und ich mir sage: »He, kannst du dir so etwas Dummes vorstellen?« Ich bin doch nicht für diese Bäume verantwortlich und habe auch nicht diesen Ort ausgesucht, so wenig wie ich das Wetter bestellt habe; es ist einfach so. Aber ich fühle mich angesprochen, also tut es mir gut. Ich bin stolz auf »meine« Kultur und »mein« Volk. Wie dumm kann man noch werden? Wirklich wahr! [...]

Was ist los? Haben Sie Halt gemacht, um einmal nachzudenken? Jemand sagt: »Ich finde Sie sehr charmant« – und schon fühle ich mich ausgezeichnet. Ich bekomme einen positiven Impuls (deshalb sagt man: »Ich bin okay – du bist okay«). Irgendwann werde ich noch ein Buch schreiben mit dem Titel »Ich bin ein Narr – du bist ein Narr«. Das ist die befreiendste und wunderbarste Sache der Welt – zuzugeben, ein Narr zu sein. Wenn mir jemand sagt: »Sie haben Unrecht«, sage ich: »Was ist von einem Narr schon zu erwarten?«

Jetzt!

Der einzige Weg, sich zu verändern, ist, sein Verstehen zu ändern. Aber was heißt verstehen? Wie gehen wir da vor? Versuchen Sie sich einmal klarzumachen, wie weit wir durch alle möglichen Dinge, an denen wir hängen, zu Sklaven werden; wir tun alles, um uns die Welt so zurechtzurücken, damit uns unsere Eingenommenheiten erhalten bleiben, denn die Welt ist für sie eine ständige Bedrohung. Ich habe Angst, einem Freund könnte nichts mehr an mir liegen; er könnte sich jemand anderem zuwenden. Ich muss ständig attraktiv sein, weil ich diesen anderen Menschen unbedingt haben muss. Man hat mich so eingestellt, dass ich meine, auf seine oder ihre Liebe angewiesen zu sein. Das bin ich in Wirklichkeit aber nicht. Ich brauche die Liebe von niemandem; ich muss lediglich Kontakt zur Realität bekommen. Ich muss aus meinem Gefängnis ausbrechen, aus

diesem Programmiert- und Beeinflusstsein,
diesen falschen Überzeugungen, diesem Hirn-
gespinst; ich muss in die Wirklichkeit ausbrechen.

Die Wirklichkeit ist schön, sie ist eine reine
Wonne. Das ewige Leben ist jetzt. Es umgibt
uns wie einen Fisch das Meer, doch wir haben
keine Ahnung davon. Die Dinge, an denen unser Herz hängt, lenken uns zu sehr ab.

Abhängigkeit

Machen Sie diese kleine Übung, die Sie nur ein paar Minuten Zeit kostet: Denken Sie an etwas oder jemanden, an dem Sie hängen; oder, mit anderen Worten, an etwas oder jemanden, ohne das oder den Sie meinen, nicht glücklich sein zu können. Das kann Ihre Arbeit, Ihre Karriere, Ihr Beruf, Ihr Freund, Ihr Geld oder was auch immer sein. Dann sagen Sie zu der Sache oder dem Menschen: »Ich brauche dich wirklich nicht, um glücklich zu sein. Ich führe mich nur selbst in die Irre, wenn ich glaube, dass ich ohne dich nicht glücklich sein kann. Doch in Wirklichkeit brauche ich dich nicht zu meinem Glück, ich kann ohne dich glücklich sein. Du bist nicht mein Glück und meine Freude.«

Wenn Sie an einem Menschen hängen, wird er oder sie nicht gerade überglücklich sein, das von Ihnen zu hören, aber lassen Sie sich dadurch nicht beirren. Gestehen Sie es sich viel-

leicht nur im geheimsten Winkel Ihres Herzens ein. Auf jeden Fall werden Sie in Kontakt zur Wahrheit kommen und eine Illusion zerbrechen. Glück ist ein Zustand von Illusionslosigkeit, des Entledigtseins von Illusionen.

Oder versuchen Sie eine andere Übung: Denken Sie an eine Zeit, als Ihr Herz gebrochen war und Sie glaubten, nie wieder glücklich sein zu können (als Ihr Mann starb, Ihre Frau starb, Ihr bester Freund Sie im Stich ließ, Sie Ihr ganzes Geld verloren). Was geschah dann? Die Zeit verging, und wenn es Ihnen gelang, etwas anderes zu finden, woran Sie Ihr Herz hängten, oder, jemand anderen zu finden, den Sie mochten, oder etwas anderes, woran Ihnen lag, was war dann mit der alten Sache oder Person? Sie brauchten sie also doch nicht, um glücklich zu sein, oder?

Daraus hätten Sie etwas lernen sollen, aber wir werden nie klüger. Wir sind programmiert und fixiert. Es ist sehr befreiend, mit seinen Gefühlen von nichts abzuhängen. Würden Sie dies

für nur eine Sekunde erfahren, gäbe es für Sie in Ihrem Gefängnis keine Mauern mehr, und Sie könnten einen Blick auf die Weite des Himmels werfen. Eines Tages werden Sie vielleicht sogar fliegen.

Der Vorwand des Guten

Thomas von Aquin sagt zutreffend: »Immer wenn gesündigt wird, geschieht es im Namen des Guten.« Man verblendet sich selbst, sieht etwas als gut an, obwohl man weiß, dass es im Übrigen schlecht ist; man sucht Begründungen, weil man etwas unter dem Vorwand des Guten erstrebt.

Eine Frau beschrieb mir einmal zwei Situationen, bei denen es für sie schwierig war, Bewusstheit und Überblick zu behalten. Sie arbeitete in einem Dienstleistungsbetrieb, wo die Leute Schlange standen, viele Telefone klingelten, sie allein mit allem fertig werden musste, und viele ungeduldige, gereizte Leute eine ständige Ablenkung waren. Sie fand es äußerst schwierig, gelassen und ruhig zu bleiben. Die andere Situation betraf das Autofahren im dichten Verkehr, mit Hupen und Schimpfen von links und rechts. Sie fragte mich, ob sich diese

Unruhe legen würde und sie den inneren Frieden erreichen könne.

Bemerken Sie hier die Abhängigkeit? Frieden. Ihre Abhängigkeit von Ruhe und Frieden. Sie sagte: »Solange ich nicht den inneren Frieden habe, werde ich nicht glücklich sein.« Sind Sie schon einmal auf den Gedanken gekommen, dass Sie auch bei aller Anspannung glücklich sein können?

Vor der Erleuchtung war ich frustriert, nach der Erleuchtung bin ich immer noch frustriert. Setzen Sie sich Entspannung und Empfindsamkeit nicht zum Ziel. Haben Sie schon einmal davon gehört, dass Leute verkrampfen, wenn sie versuchen, sich zu entspannen? Ist man verkrampft, achtet man nur auf seine Verkrampfung. Sie werden sich selbst nie verstehen, wenn Sie versuchen, sich zu ändern. Je mehr man versucht, sich zu ändern, umso schlimmer wird es. Sehen Sie Ihre Aufgabe darin, bewusst wahrzunehmen. Erspüren Sie das schrillende Telefon, erspüren Sie die

gespannten Nerven; erspüren Sie das Gelenkt-
werden der Autoräder.

Mit anderen Worten: Kommen Sie zur Realität, und überlassen Sie die Verkrampfung
und die Ruhe sich selbst. Sie werden nicht darum herumkommen, sie sich selbst zu überlassen, weil Sie genug damit zu tun haben werden,
den Kontakt zur Wirklichkeit zu behalten.
Schritt für Schritt lassen Sie geschehen, was
auch immer geschieht.

Veränderung tritt tatsächlich ein, wenn sie
nicht aus Ihrem Ego, sondern aus der Wirklichkeit kommt. Bewusstheit setzt die Wirklichkeit
frei, Sie zu verändern. Das Bewusstwerden verändert Sie, aber diese Erfahrung müssen Sie
machen.

Lieben, ohne zu klammern

Ich hatte zwar Angst, es zu sagen, aber ich sprach zu Gott, und ich sagte ihm, dass ich ihn nicht bräuchte.

Meine erste Reaktion war: »Das steht zu allem, was ich gelernt habe, im glatten Widerspruch.« Manche möchten auch bei ihrer Bindung an Gott eine Ausnahme machen. Sie sagen: »Wenn Gott der ist, der er meiner Meinung nach sein sollte, wird es ihm nicht gefallen, wenn ich meine Bindung an ihn aufgebe.«

Gut, wenn Sie meinen, dass Sie ohne Gott nicht glücklich sein können, dann hat der »Gott«, an den Sie denken, mit dem wirklichen Gott nichts zu tun. Sie denken an einen Traumzustand, an Ihren Begriff. Manchmal müssen Sie »Gott« loswerden, um Gott zu finden. Viele Mystiker lehren uns das.

Wir wurden von allem so verblendet, dass wir nicht erkannten, dass das Aneinander-Hän-

gen einer Beziehung eher schadet als nützt. Ich
erinnere mich, wie sehr ich mich davor fürch-
tete, einem guten Freund von mir zu sagen:
»Eigentlich brauche ich dich nicht. Ich kann
auch ohne dich glücklich sein. Aber dadurch,
dass ich dir das sage, kann ich deine Gesellschaft erst richtig genießen – da gibt es keine
Ängste mehr, keine Eifersucht, kein Besitzden-
ken, kein Anklammern. Es ist schön, bei dir zu
sein, ohne festgehalten zu werden. Du bist frei
und ich auch.«

Klare Sicht

Wenn ich von Lob und Wertschätzung abhängig bin, werde ich die Menschen danach beurteilen, ob sie meine Abhängigkeiten gefährden oder fördern. Wenn Sie als Politiker gewählt werden möchten, worauf werden Sie wohl bei den Leuten achten, wonach wird sich Ihr Interesse richten? Sie werden sich um die Leute kümmern, die Sie wählen könnten. Wenn Sie an Sex interessiert sind, wie glauben Sie, werden Sie Frauen und Männer betrachten? Wenn Sie nach Macht streben, wird das Ihre Sicht der Menschen beeinflussen. Jemandem verfallen zu sein, zerstört Ihre Fähigkeit zu lieben. […]

Was ist ein liebendes Herz? Ein liebendes Herz ist dem ganzen Leben gegenüber empfindsam, allen Menschen gegenüber; ein liebendes Herz verschließt sich vor nichts und niemandem. Aber in dem Augenblick, da Sie in meinem Sinn des Wortes abhängig werden,

blockieren Sie vieles andere. Sie haben nur noch Augen für das, woran Ihr Herz hängt; Sie haben nur noch Ohren für die Pauken, das Herz ist verhärtet, ja es ist verblendet, denn es sieht das Objekt seiner Abhängigkeit nicht mehr objektiv. Liebe heißt ungetrübte Wahrnehmung, Objektivität; es gibt nichts, was so klarsichtig wäre wie die Liebe.

Ein Licht geht auf

Um den Kampf gegen Ihre Abhängigkeiten zu gewinnen, müssen Sie folgende Wahrheiten wirklich erkennen:

Erste Wahrheit: Sie halten an einem Irrglauben fest – daran nämlich, dass Sie ohne einen bestimmten Menschen oder ohne eine bestimmte Sache nicht glücklich sind. Betrachten Sie einmal all Ihre Abhängigkeiten und machen Sie sich den Irrtum dieser Annahme klar. […]

Zweite Wahrheit: Wenn Sie sich an allem einfach erfreuen, aber sich weigern, Ihr Herz daran zu hängen, dem Irrglauben zu folgen, dass Sie ohne etwas Bestimmtes nicht glücklich sein können, bleibt Ihnen all der Kampf erspart, das Erlangte zu verteidigen. Haben Sie schon einmal daran gedacht, dass Sie sogar mehr Freude erfahren, wenn allem das Anklammern und Davon-Abhängigsein genommen ist, weil Sie dann in sich ruhen, gelöst und unbeschwert sein können?

Dritte und letzte Wahrheit: Wenn Sie lernen, den Duft von tausend Blumen zu genießen, klammern Sie sich nicht an eine einzelne und leiden auch nicht, wenn Sie sie nicht bekommen. Sie werden das Fehlen einer einzigen nicht bemerken; es wird Ihr Glück nicht im Geringsten beeinträchtigen. Doch genau Ihre Abhängigkeiten sind es, die Sie daran hindern, einen umfassenderen und vielfältigeren Geschmack für Dinge und Menschen zu entwickeln …

Im Lichte dieser drei Wahrheiten kann keine Abhängigkeit länger überleben. Doch das Licht muss ununterbrochen scheinen, um seine Wirkung entfalten zu können. Abhängigkeiten können nur in der Dunkelheit der Illusion gedeihen. Der Reiche kann nicht in das Königreich der Freude eingehen, nicht weil er böse sein will, sondern weil er auf seiner Blindheit beharrt.

3

Die Augen öffnen
und sehen

Wie ein Fisch im Ozean

»Entschuldigung«, sagte ein Fisch aus dem Ozean zu einem anderen. »Du bist älter und erfahrener als ich und kannst mir wahrscheinlich helfen. Sag mir, wo kann ich die Sache finden, die man Ozean nennt? Ich habe vergeblich überall danach gesucht.«

»Der Ozean«, sagte der ältere Fisch, »ist das, worin du jetzt schwimmst.«

»Das? Aber das ist ja nur Wasser. Ich suche den Ozean«, sagte der jüngere Fisch sehr enttäuscht und schwamm davon, um anderswo zu suchen.

Er kam zu dem Meister im Sannyasi-Gewand. Und er sprach in der Sprache der Sannyasi: »Jahrelang habe ich nun nach Gott gesucht. Ich bin von zu Hause weggegangen und habe überall nach ihm Ausschau gehalten, wo er angeblich sein soll: auf Bergesgipfeln, im Herzen der Wüste, in der Stille der Klöster und in den Behausungen der Armen.«

»Hast du ihn gefunden?«, fragte der Meister.

»Ich wäre ein eitler Lügner, sagte ich Ja. Nein, ich habe ihn nicht gefunden. Und Ihr?«

Was konnte ihm der Meister antworten? Die Abendsonne sandte goldene Strahlen in den Raum. Hunderte von Sperlingen tschilpten vergnügt auf einem nahen Feigenbaum. In der Ferne konnte man Straßenlärm hören. Ein Moskito summte warnend am Ohr, dass er gleich zustechen würde …, und doch konnte dieser gute Mann dasitzen und sagen, er hätte Gott nicht gefunden, er würde immer noch nach ihm suchen.

Nach einer Weile verließ er enttäuscht das Zimmer des Meisters, um anderswo weiter zu suchen.

Kleiner Fisch, hör auf zu suchen,
es gibt nichts zu suchen.
Sei einfach still,
öffne die Augen und sieh dich um.
Du kannst es nicht übersehen.

Wie die Luft zum Atmen

Wenn Sie zu einer tieferen Gotteserfahrung gelangen wollen, müssen Sie zwei unerlässliche Voraussetzungen mitbringen. Fehlen diese Voraussetzungen, so müssen Sie sich die Zeit nehmen, sie zu erwerben. Die erste Voraussetzung ist das Verlangen nach Gott, die zweite Mut und Großherzigkeit.

Das Verlangen nach Gott: Gott kann einem Menschen, der brennend nach ihm verlangt, nicht widerstehen.

Mich beeindruckt immer die Hindu-Erzählung von einem Dorfbewohner, der einen Sannyasi (einen heiligen Mann), während dieser meditierend unter einem Baum saß, aufsuchte und mit den Worten anredete:

»Ich möchte Gott sehen. Zeig mir, wie ich Gott erfahren kann!«

Der Sannyasi sagte, wie es für seinen Stand typisch ist, nichts und meditierte weiter.

Der gute Mann aus dem Dorfe kam mit seiner Bitte am nächsten Tag und an den Tagen darauf wieder, obgleich er keine Antwort erhielt. Schließlich sagte der Sannyasi angesichts seiner Beharrlichkeit zu ihm:

»Du scheinst wirklich ein Gottsucher zu sein. Heute Nachmittag gehe ich zum Fluss hinunter, um mein Bad zu nehmen. Komm auch dahin.«

Als die beiden im Wasser waren, packte der Sannyasi den Kopf des Mannes mit festem Griff und drückte ihn eine Zeit lang unter Wasser, bis der arme Mann strampelte, um nach Luft zu schnappen. Nach einer Weile ließ der Sannyasi ihn los und sagte:

»Komm morgen wieder zu dem Banyan-Baum.«

Als er am nächsten Tag kam, war es der Sannyasi, der das Gespräch begann. »Sag mir doch«, sagte er, »warum hast du so gestrampelt, als ich deinen Kopf unter Wasser hielt?«

»Weil ich nach Luft schnappen wollte«, er-

widerte der Mann, »ohne Luft wäre ich doch
gestorben«.

Da lächelte der Sannyasi und sagte: »An
dem Tag, an dem du so verzweifelt nach Gott
verlangst, wie du nach Luft verlangt hast, wirst
du ihn sicher finden.«

Sehnsucht und Mut

Das ist der Hauptgrund, warum wir Gott nicht finden: Wir sehnen uns nicht glühend genug nach ihm.

Unser Leben ist mit viel zu vielen Dingen vollgepackt. Dabei kommen wir ganz gut ohne Gott aus. Er ist für uns sicherlich nicht so unentbehrlich wie die Atemluft, anders als für einen Mann wie Ramakrishna.

Jedes Mal, wenn ich an sein Leben denke, bin ich gerührt. Er war kaum sechzehn Jahre alt, als er Priester in einem Hindu-Tempel und mit dem Kult der Tempelgottheit betraut wurde. Ihn erfasste das Verlangen, den Schleier der Tempelgottheit zu durchdringen und Verbindung mit der unendlichen Wirklichkeit aufzunehmen, deren Symbol die Gottheit war, einer Wirklichkeit, die er »Mutter« nannte. Dieses Verlangen beherrschte ihn mit der Zeit so sehr, dass er bisweilen seine Kultdienste ver-

gaß. Manchmal fing er auch an, die heilige Lampe vor der Gottheit zu schwenken, und schwenkte sie dann, von leidenschaftlichem Verlangen ergriffen, selbstvergessen stundenlang weiter, bis jemand kam, ihn zur Besinnung brachte und ihm Einhalt gebot. Alle Symptome einer tiefen, leidenschaftlichen Liebe zeigten sich bei ihm.

Jeden Abend setzte er sich, bevor er schlafen ging, vor die Gottheit hin und rief: »Mutter, schon wieder ist ein Tag vergangen, und ich habe dich immer noch nicht gefunden!« Daraufhin vergoss er bittere Tränen.

Wie kann Gott solchem Sehnen widerstehen? Ist es da verwunderlich, dass Ramakrishna ein großer Mystiker wurde? Als er einmal darüber sprach, was es heißt, sich nach Gott zu sehnen, sagte er zu einem Freund:

»Wenn ein Dieb in einem Raum schliefe, der nur durch eine dünne Wand von einer Schatzkammer voller Gold getrennt wäre, würde er dann schlafen? Er würde die ganze

Nacht wach liegen und überlegen, wie er an das Gold käme. Als ich noch jung war, verlangte es mich sogar noch glühender nach Gott als diesen Dieb nach Gold.«

Der heilige Augustinus spricht von der großen Ruhelosigkeit des Menschenherzens, die es so lange drängt, bis es Ruhe findet in Gott. Ohne Gott, für den wir erschaffen wurden, sind wir wie Fische auf trockenem Land. Wenn wir nicht die Todesnot der Fische empfinden, so nur, weil wir den Schmerz mit einer Unzahl anderer Bedürfnisse und Vergnügen betäuben, sogar mit Problemen, denen wir in unseren Gedanken Spielraum lassen, und so die Sehnsucht nach Gott und den Schmerz, ihn noch nicht zu besitzen, unterdrücken.

Wenn Sie kein solches Verlangen nach Gott haben, bitten Sie darum. Es ist eine Gnade, die der Herr allen gewährt, denen er sich offenbaren will.

Die zweite notwendige Voraussetzung ist Großherzigkeit und Mut. Beten ist keine leichte

Aufgabe, vor allem dann nicht, wenn man viel Zeit ins Beten investiert. Sie werden in sich starke Widerstände spüren – Gefühle der Langeweile, des Überdrusses und in dem Maß, in dem Ihr Beten tiefer wird, sogar der Angst.

Die heilige Teresa von Ávila sagt, dass es Zeiten gegeben habe, in denen sie des Betens so überdrüssig war, dass sie ihren ganzen Mut aufbieten musste, um sich zum Betreten der Klosterkapelle zu zwingen.

»Ich weiß, wie schlimm solche Prüfungen sind«, sagt sie, »sie erfordern mehr Mut als viele Prüfungen in der Welt.«

Niemand kann der heiligen Teresa nachsagen, sie würde die vielen Prüfungen in der Welt nicht kennen – sie war weit in der Welt herumgekommen, als sie darum kämpfte, in ganz Spanien ihre Reform des Karmels durchzusetzen. So werden auch Sie in der Zeit der »Geistlichen Übungen« Gott gegenüber Großherzigkeit und Mut brauchen, um im Gebet durchzuhalten.

Auch aus einem anderen Grund brauchen Sie Mut und Großherzigkeit: Es liegt nicht allein daran, dass das Beten selbst eine anstrengende Übung sein kann, sondern auch daran, dass der Gott, dem Sie im Gebet begegnen, Ihre Ausflüchte entlarven und Ihre Schutzmauern niederreißen wird, damit Sie sich sehen, wie Sie wirklich sind. Das kann sehr schmerzlich sein. Die Begegnung mit Gott ist nicht immer eine angenehme, beruhigende Erfahrung. Jemand hat einmal treffend gesagt, dass die Begegnung ein chirurgischer Eingriff ist, bevor sie lindernd wirkt. [...]

Damit soll nicht gesagt sein, dass wir Angst haben müssen. Die Worte, die wir vernehmen, werden nicht nur gebieterisch sein. Es werden liebende und ermutigende Worte sein. Gott wird uns die Liebe und die Kraft schenken, die wir brauchen, um seinen Forderungen zu entsprechen. Dennoch sollten wir uns nicht darüber hinwegtäuschen, dass die Forderungen bestehen, dass er uns dazu

beruft, uns selbst zu sterben. Doch der Tod ist etwas, wovor wir uns zunächst einmal fürchten.

Ehrlichkeit

Was von uns erwartet wird, ist Ehrlichkeit: dass wir uns nichts vormachen, dass wir uns der Wahrheit über uns selbst, unsere Feigheit, unsere Selbstsucht und unsere Besitzansprüche stellen und unsere Ausflüchte ablegen. Sobald wir uns ins Gebet begeben, werden wir merken, dass sich Stimmen in uns melden, die wir lieber überhören möchten. Was von uns verlangt wird, ist der Mut zuzuhören, die Ohren nicht zu verstopfen und nicht wegzuschauen, wie unangenehm das auch sein mag.

Begeben Sie sich nicht auf den Weg mit der vorgefassten Meinung, Gott könne dieses oder jenes einfach nicht von Ihnen verlangen. Das wäre töricht und dumm. Gott hat keinerlei Hemmungen, Torheiten und Dummheiten von uns zu verlangen. Was könnte törichter sein als die Erlösung ausgerechnet durch das Kreuz? Was lächerlicher, als dass die Apostel in Zungen

reden und sich dem Vorwurf der Trunkenheit aussetzen sollten? Unser übergroßes Verlangen, immer vernünftig, ausgeglichen und respektvoll zu erscheinen, ist tatsächlich eins der größeren Hindernisse für die Heiligkeit. Wir möchten einen ordentlichen und ausgeglichenen Eindruck erwecken und tun, was vernünftig, anständig und üblich ist, mit anderen Worten, was die Gesellschaft für angebracht und vernünftig hält. Der Heilige Geist kann nach den Normen dieser Welt ausgesprochen »unvernünftig« sein. Auch die Heiligen waren, mit dem gleichen Maßstab gemessen, verrückt. Die Grenze zwischen Heiligkeit und Verrücktheit ist tatsächlich sehr fein; oft ist das eine vom anderen kaum zu unterscheiden. Wenn wir große Heilige sein und Großes für Gott leisten möchten, müssen wir die Furcht, für verrückt gehalten zu werden, und die Sorge um unseren guten Namen ablegen.

Wir wollen daher von der Liste dessen, was Gott von uns verlangen könnte, »Verrückthei-

ten« nicht ausschließen. Wir wollen uns ihm nahen mit offenem Geist und offenem Herzen für alles, was er will, mag es auch auf den ersten Blick noch so verrückt oder schwierig erscheinen.

Mit der Stille beginnen

Jeder Weg zu Gott muss auch ein Weg zur Stille sein. Wenn Sie eines Tages mit Gott vereint sein wollen, müssen Sie mit der Stille beginnen. Stille ist der erste Schritt, um zu Gott zu gelangen und um zu verstehen, dass alle Begriffe und Vorstellungen von Gott unzutreffend sind. Die meisten Leute sind nur nicht dazu bereit, dies einzusehen, und das verhindert oft das Gebet. Um zur Stille zu gelangen, ist es notwendig, sich seiner fünf Sinne bewusst zu werden, indem man sie benutzt. Das mag vielen von Ihnen absurd erscheinen, ja unglaublich, aber alles, was Sie tun müssen, ist: sehen, hören, fühlen, riechen, schmecken.

Stellen Sie sich vor, ich betrachte einen Sonnenuntergang, und es kommt ein Bauer vorbei und fragt: »Was machen Sie denn da? Sie sind ja ganz weggetreten!« Ich antworte: »Ich bin ganz bezaubert von so viel Schönheit.«

Und der gute Mann kommt nun jeden Abend und sucht die Schönheit, wo sie steckt. Er sieht die Sonne, den Horizont, die Wolken, die Bäume. Doch wo ist die Schönheit? Er versteht nicht, dass Schönheit keine Sache ist. Schönheit ist eine Art, die Dinge zu sehen. Betrachten Sie die Schöpfung! Nur schauen! Beobachten Sie; aber nicht Ihre Vorstellungen. Betrachten Sie die Schöpfung. Ich hoffe sehr, dass Ihnen diese Gabe zuteil wird, denn Sie werden beim Schauen einen Zustand der Ruhe erfahren, und die Stille wird von Ihnen Besitz ergreifen. Dann werden Sie sehen können.

Ein zweiter Weg, den ich Ihnen empfehlen möchte: die Heilige Schrift. Die Bibel ist ein Hinweis, der Finger, der auf den Mond zeigt. Halten wir uns an ihre Worte, um sie hinter uns zu lassen und zur Stille zu gelangen. Wie? Nehmen Sie diesen Abschnitt aus dem Neuen Testament: »Am letzten Tag des Festes, dem großen Tag, stellte Jesus sich hin und rief: Wer Durst hat, komme zu mir und trinke« (Johan-

nes 7,37). Wiederholen Sie diesen Satz immer
wieder, bis Ihr Herz davon erfüllt ist. Sie
brauchen dabei nicht über die Bedeutung der
Worte nachzudenken, denn Ihr Herz kennt
ihren Sinn.

Und wenn Sie an diesen Punkt des Erfüllt-
seins gekommen sind, werden Sie auf die Worte
reagieren. Auf welche Weise? Die einen könnten zum Beispiel sagen: »Wirklich alle und jeder? Meinst du im Ernst, mein Gott, absolut
jeder soll kommen? Ob Dieb oder Bettler?
Gut, da bin ich also, gib mir zu trinken!« Andere könnten reagieren, indem sie sagen: »Das
glaube ich nicht. Von was für einem Getränk
sprichst du eigentlich? Ich bin schon so oft zu
dir gekommen, doch noch nie hast du mir etwas zu trinken gegeben.« Da ist jemand frustriert, zornig, und es ist absolut verständlich,
dass er so mit Gott spricht. Es ist ein großes
Gebet, denn es drückt das ehrlich aus, was sein
Herz bewegt. Ebensogut könnte jemand auch
sagen: »Ich weiß genau, was du mir sagst, Herr,

denn du hast mir schon zu trinken gegeben. Hier bin ich wieder, und ich habe Durst.«

Doch es kann auch eine Zeit geben, in der Sie nicht mehr mit Worten reagieren können. Wenn Ihr Herz von Gefühlen überquillt, die so tief und reich sind, dass keine Worte der Welt sie je ausdrücken könnten, ist das Einzige, was Sie tun können, nichts zu tun, tatenlos sich der Stille hinzugeben. Auf diese Weise Gott antworten, jenseits aller Worte, die Sie benutzen könnten. Verharren Sie in dieser Stille, solange Sie nicht abgelenkt werden. Auf diese Weise kann man Worte aus der Heiligen Schrift verwenden, um sie dann zurückzulassen und zur Stille zu gelangen. Lesen, vorlesen, Antworten geben. Nach und nach wird daraufhin Stille einkehren. Und in der Stille werden Sie Gott finden.

Der Messias ist da!

Ein in seiner Höhle im Himalaja meditierender Guru öffnete die Augen und erblickte einen unerwarteten Besucher – den Abt eines wohlbekannten Klosters.

»Was sucht Ihr?«, fragte der Guru.

Der Abt erzählte eine leidvolle Geschichte. Sein Kloster war einst in der ganzen westlichen Welt berühmt. Junge Aspiranten füllten die Zellen, und seine Kirche hallte wider vom Gesang der Mönche. Aber das Kloster hatte schwere Zeiten durchzumachen. Die Menschen strömten nicht mehr herbei, um geistige Nahrung aufzunehmen. Der Zustrom junger Aspiranten war versiegt, in der Kirche war es still geworden. Nur ein paar Mönche waren geblieben, und sie gingen schweren Herzens ihren Aufgaben nach. Der Abt wollte nun wissen: »Ist das Kloster um unserer Sünde willen in einen solchen Zustand verfallen?«

»Ja«, sagte der Guru, »die Sünde der Ahnungslosigkeit«.

»Und was ist das für eine Sünde?«

»Einer von euch ist der Messias – verkleidet – und ihr merkt es nicht.«

Nachdem er das gesagt hatte, schloss der Guru seine Augen und versank wieder in Meditation.

Während der beschwerlichen Rückreise zum Kloster schlug das Herz des Abtes schneller bei dem Gedanken, dass der Messias – der Messias in Person – auf die Erde zurückgekehrt war und sich in seinem Kloster befand. Wie war es möglich, dass er ihn nicht erkannt hatte? Und wer konnte es sein? Der Bruder Koch? Der Bruder Sakristan? Der Bruder Verwalter? Der Bruder Prior? Nein, der nicht, er hatte leider zu viele Fehler. […] Und einer von ihnen musste der Messias sein!

Als er wieder im Kloster war, versammelte er die Mönche und sagte ihnen, was er gehört hatte. Ungläubig guckten sie einander an. Der

Messias? Hier? Unglaublich! Und doch hieß es, er sei hier in Verkleidung. Wenn es nun der und der wäre? Oder der dort drüben? Oder …

Eine Sache war sicher: Wenn der Messias sich hier verkleidet befand, war es nicht sehr wahrscheinlich, dass sie ihn erkennen würden. Also ließen sie es sich angelegen sein, jeden respektvoll und mit Rücksicht zu behandeln. »Man kann nie wissen«, sagten sie sich, wenn sie miteinander zu tun hatten, »vielleicht ist es gerade der.«

Die Folge war, dass im Kloster eine ansteckend fröhliche Stimmung herrschte. Aspiranten bemühten sich bald wieder um Aufnahme in den Orden, und erneut hallte die Kirche wider von dem frommen und frohgemuten Gesang der Mönche, die vom Geist der Liebe beseelt waren.

Nichts außer – Wirklichkeit

Das höchste Wissen von Gott ist, ihn als den Unerkennbaren zu erkennen. Es wird viel zu viel von Gott gesprochen. Es gibt zu wenig Bewusstheit, zu wenig Liebe, zu wenig Glück; doch seien wir etwas zurückhaltender mit diesen Wörtern. Man trennt sich zu selten von Illusionen, von Irrtümern, von dem, woran man hängt, und von Grausamkeiten – es gibt zu selten Bewusstheit. An diesem Mangel leidet die Welt, nicht an einem Mangel an Religion. Religion soll Mangel an Bewusstheit und Erwachen beheben. Schauen Sie doch, wie weit wir degeneriert sind. Kommen Sie in meine Heimat und erleben Sie, wie man einander um der Religion willen umbringt. Das gibt es auf der ganzen Welt. »Der Wissende spricht nicht, der Sprechende weiß nicht.« Alle Offenbarungen, wie göttlich sie auch sein mögen, können nie mehr sein als ein Fingerzeig zum Mond. So wie wir

im Orient sagen: »Wenn der Weise auf den Mond zeigt, sieht der Tor nur den Finger.« [...]

Bewusstwerden, Bewusstwerden und noch einmal Bewusstwerden! Darin ist Heilung, Wahrheit, Rettung; im Bewusstwerden ist Spiritualität; Wachstum, Liebe, im Bewusstwerden geschieht das Erwachen.

Ich muss zu Ihnen über Worte und Begriffe sprechen, denn ich muss Ihnen erklären, warum wir, wenn wir einen Baum betrachten, ihn noch lange nicht sehen. Wir denken, dass wir es tun, aber wir tun es nicht. Betrachten wir einen Menschen, sehen wir ihn in Wirklichkeit nicht, wir meinen nur, wir sehen ihn. Wir sehen nur das, was wir uns vorher eingeprägt haben. Wir haben einen Eindruck und bleiben bei diesem Eindruck; wir betrachten diesen Menschen mit diesem Eindruck. So machen wir es mit beinahe allem. Wenn Sie das verstehen, verstehen Sie auch, wie schön es ist, sich all dessen bewusst zu sein, was Sie umgibt. Denn dort ist die Wirklichkeit.

»Gott«, was auch immer das ist, ist dort. Alles ist dort. Der kleine Fisch im Ozean sagt:
»Entschuldigen Sie, ich suche den Ozean. Können Sie mir sagen, wo ich ihn finde?« Man kann
Mitleid mit ihm haben, nicht wahr? Würden
wir nur unsere Augen öffnen und sehen, würden wir auch verstehen.

4

DER MEISTER

Falsche Motive

Ein Christ besuchte einst einen Zen-Meister und sagte: »Erlaubt mir, dass ich Euch einige Sätze aus der Bergpredigt vorlese.«

»Ich werde mit Freude zuhören«, sagte der Meister.

Der Christ las einige Sätze und blickte dann auf. Der Meister lächelte und sagte: »Wer diese Worte gesprochen hat, war wahrlich ein Erleuchteter.«

Das gefiel dem Christen. Er las weiter. Der Meister unterbrach und sagte: »Der Mensch, der diese Worte sprach, könnte wahrlich der Erlöser der Welt genannt werden.«

Der Christ war wie elektrisiert. Er las weiter bis zum Ende. Dann sagte der Meister: »Diese Predigt wurde von einem Mann mit göttlicher Aura gehalten.«

Die Freude des Christen kannte keine Grenzen. Er ging weg, entschlossen, zurückzu-

kommen und den Zen-Meister zu überzeugen, er solle selbst Christ werden.

Auf dem Heimweg traf er Christus am Straßenrand. »Herr«, sagte er begeistert, »ich habe diesen Mann so weit gebracht, dass er deine Göttlichkeit anerkannte.«

Jesus lächelte und sagte: »Und was hat das dir gebracht, außer dein christliches Ego aufzublähen?«

In seinen Augen

Im Evangelium nach Lukas lesen wir das Folgende: Aber Petrus sagte: »Mann, ich weiß nicht, wovon du sprichst.« Während er das sagte, krähte ein Hahn; und der Herr drehte sich um und blickte Petrus direkt an …, und Petrus ging hinaus und weinte bitterlich.

Ich hatte ein ziemlich gutes Verhältnis zu dem Herrn. Ich pflegte ihn um Dinge zu bitten und mich mit ihm zu unterhalten, ihn zu loben und ihm zu danken.

Aber ich hatte stets das unangenehme Gefühl, er wolle mich veranlassen, ihm in die Augen zu sehen. Und ich wollte nicht. Ich redete zwar, blickte aber weg, wenn ich spürte, dass er mich ansah. Immer sah ich weg, und ich wusste warum. Ich hatte Angst, einen Vorwurf dort zu finden wegen irgendeiner noch nicht bereuten Sünde. Ich dachte, ich würde auf eine Forderung stoßen: Irgendetwas wollte er wohl von mir.

Eines Tages fasste ich Mut und blickte ihn
an! Da war kein Vorwurf. Da war keine Forderung. Die Augen sagten nur: Ich liebe dich. Ich
blickte lange in diese Augen, forschend blickte
ich in sie hinein. Doch die einzige Botschaft
lautete: ›Ich liebe dich.‹ Und ich ging hinaus,
und wie Petrus weinte ich.

Gute Nachrichten

Hier ist die Gute Nachricht, die unser Herr Jesus Christus verkündet hat:

Jesus begann seine Jünger in Gleichnissen zu lehren. Er sagte: »Das Himmelreich gleicht zwei Brüdern, die fröhlich und zufrieden lebten, bis sie beide von Gott zu Jüngern berufen wurden.

Der Ältere ging frohen Herzens auf die Berufung ein, obgleich er sich von seiner Familie losreißen musste und auch von dem Mädchen, das er liebte und heiraten wollte. Schließlich ging er fort in ein fernes Land, wo er sein Leben im Dienste der Ärmsten der Armen zubrachte. Als in jenem Land eine Christenverfolgung einsetzte, wurde er gefangen genommen, zu Unrecht beschuldigt, gefoltert und getötet.

Und der Herr sagte zu ihm: ›Bravo, du bist ein guter und treuer Diener! Du hast mir Dienste im Werte von tausend Talenten geleis-

tet. Ich werde dir nun zur Belohnung eine Milliarde geben, eine Milliarde Talente. Tritt ein in die Freude deines Herrn!‹

Die Antwort des jüngeren Bruders auf die Berufung war bei weitem nicht so hochherzig. Er beschloss, sie zu überhören, wie bisher weiterzumachen und das Mädchen, das er liebte, zu heiraten. Er war lange Jahre glücklich verheiratet, sein Geschäft blühte, und er wurde reich und berühmt. Gelegentlich gab er einem Bettler eine kleine Gabe oder erwies seiner Frau und Kindern eine besondere Freundlichkeit. Gelegentlich schickte er auch einen kleinen Geldbetrag an seinen älteren Bruder im fernen Land. ›Vielleicht hilft es dir bei deiner Arbeit für die armen Teufel dort‹, schrieb er.

Und als auch für ihn die Zeit zum Sterben kam, sagte der Herr zu ihm: ›Bravo, guter und treuer Diener! Du hast mir Dienste im Werte von zehn Talenten geleistet. Ich werde dir eine Milliarde geben, eine Milliarde Talente als Belohnung. Tritt ein in die Freude deines Herrn!‹

Der ältere Bruder war überrascht, als er hörte, sein Bruder bekäme die gleiche Belohnung wie er. Und er war es zufrieden. Er sagte: ›Herr, nun da ich weiß, was ich weiß, würde ich, sollte ich noch einmal geboren werden und mein Leben noch einmal leben, genau dasselbe für dich tun, was ich getan habe.‹«

Das ist wirklich eine frohe Botschaft: ein großmütiger Herr, ein Jünger, der ihm dient aus reiner Freude am Dienen, wie sie nur Liebe geben kann.

Schweigen

Wenige Dinge fördern das Gespräch mit Christus so sehr wie das Stillschweigen. Das Schweigen, das ich hier meine, ist natürlich das innere Schweigen des Herzens, ohne das man die Stimme Christi einfach nicht vernehmen kann. Es ist für viele sehr schwer, dieses innere Schweigen zu verwirklichen: Schließen Sie einmal für einen Augenblick die Augen und achten Sie einmal auf das, was in Ihnen vorgeht. Man darf wohl annehmen, dass Sie von Gedankenwogen überflutet werden, denen Sie sich nicht entgegenstemmen können – Sprechen, Sprechen, Sprechen (das ist es nämlich, was Denken gemeinhin ist: Selbstgespräch) –, Lärm, Lärm, Lärm: meine innere Stimme im Wettstreit mit den Stimmen und Bildern anderer, die durch ihr Geschrei meine Aufmerksamkeit auf sich lenken wollen. Welche Chancen hat die leise Stimme Gottes da noch in all diesem Krach und Betrieb?

Das äußere Schweigen ist eine große Hilfe zur Verwirklichung des inneren Schweigens. Wenn Sie es nicht fertig bringen, das äußere Schweigen zu wahren, das heißt, wenn es Ihnen unerträglich ist, den Mund zu halten, wie wollen Sie dann das Schweigen im Innern aushalten? Wie wollen Sie Ihren inneren Mund halten? Schweigen aushalten zu können ist ein recht gutes Merkmal für geistliche (und sogar geistige und emotionale) Tiefe. Es ist möglich, dass der Lärm in Ihrem Innern noch lauter, dass Ihre Zerfahrenheit noch größer wird und Sie noch unfähiger werden zu beten. Das liegt nicht am Schweigen. Der Lärm war schon immer da. Das Schweigen hebt ihn nur in Ihr Bewusstsein und gibt Ihnen die Chance, ihn zu dämpfen und seiner Herr zu werden.

Jesus heißt uns, die Tür zu schließen, wenn wir beten wollen. Wir schließen offensichtlich die übrige Welt nicht aus unserem Herzen aus, denn wir pflegen ihre Anliegen in unser Beten einzuschließen. Doch die Tür muss fest ver-

schlossen sein, wenn der Lärm der Welt nicht hereinkommen und die Stimme Gottes ersticken soll, zumal in den Anfangsstadien, wenn uns die Konzentration Mühe macht. Der Anfänger im Gebet braucht nicht weniger Konzentration als ein Anfänger in der Mathematik, der keine schwierige Aufgabe lösen kann, wenn großer Lärm um ihn herum ablenkt. Es kommt die Zeit, da der Gebetsschüler wie der Mathematikschüler so sehr von seiner Materie gepackt wird, dass kein noch so großer Lärm seinen Geist von dem ablenken kann, was ihn beschäftigt. Doch in den Anfangsstadien sollte er demütig sein und zugeben, dass er Ruhe und Stillschweigen braucht.

Der Weg der Betrachtung

Verbringen Sie einen Tag bei der Heiligen Familie in Nazaret. Teilen Sie mit ihr das einfache Leben, helfen Sie ihr bei der Arbeit, sprechen Sie mit Jesus, Maria und Josef über ihren Alltag und ihre Probleme und über Ihre eigenen. […]

Sie werden davon gewiss keinerlei exegetische Erkenntnisse mitnehmen. Doch wird der Herr Ihnen die verborgene Weisheit schenken, die er den Kindern vorbehalten hat!

Ganz abgesehen von den historischen Schwierigkeiten, die sich ergeben, wenn man sich in Gedanken vorstellt, was vor langer Zeit geschehen ist, und es so sieht, als geschehe es jetzt, wird noch ein Einwand gegen diese Betrachtungsmethode erhoben. Er lässt sich wie folgt formulieren: Wenn ich durch meine Einbildungskraft Christus bei mir oder vor mir sehe und zu ihm spreche, stellt das kein Problem dar; das Problem ergibt sich erst, wenn ich

Christus antworten höre. Das ist doch überhaupt nicht Christus, der da mit mir spricht. Es ist die Ausgeburt meiner eigenen Vorstellung: Ich bin es, der ihm diese Worte in den Mund legt. Ich bin es letztlich im Gespräch mit mir selbst.

Das stimmt. Sehr oft, besonders wenn wir noch Anfänger in dieser Übung des Zwiegesprächs mit Christus sind, gibt es dabei nicht viel mehr als unsere eigenen frommen Betrachtungen, die in der Gestalt der Worte Christi daherkommen. Das ist doch, was Denken oder Betrachten bedeutet: ein Selbstgespräch. Jetzt bediene ich mich dazu noch des Bildes Christi, den ich mir als mein Gegenüber vorstelle. Es wird aber nicht lange dauern, dann wird man auch merken, dass die Worte, die man in seiner Vorstellung so hört, als kämen sie aus Christi Mund, nicht bloß Fantasieprodukte sind. Manchmal wird schon die Antwort Sie überraschen, und Sie werden sich fragen, woher sie stammt. Sie beschert eine tiefe Einsicht. Bei an-

deren Gelegenheiten scheinen es Allerweltsworte zu sein, die von keiner Erleuchtung oder
Einsicht begleitet sind. Doch die Wirkung dieser Allerweltsworte ist recht ungewöhnlich: Sie
bringen unversehens und unverhofft Frieden
oder große Kraft oder starken Trost oder tiefe
Freude im Dienste Gottes. Damit verbunden
stellt sich die Überzeugung ein, dass der Herr
irgendwie mit Ihnen Verbindung aufgenom-
men und Ihnen unter dem Mantel dieser Worte,
die Sie ihn in Ihrer Vorstellung an Sie richten
»ließen«, ein Geschenk gemacht hat.

Zu Füßen des Meisters

Eine Möglichkeit des Gebetssitzes ist der soge-
nannte Karmelitersitz. Setzen Sie sich auf die
Fersen, die Fußspitzen sind dicht beieinander
und die Fersen etwas auseinander, das gibt Ihnen einen besseren Halt. Die Arme sind ausge-
streckt, die Hände liegen mit den Handflächen
nach oben auf den Oberschenkeln. Auch Ihre
Unterarme ruhen auf den Oberschenkeln.
Diese Stellung drückt Sammlung, Hörbereit-
schaft und Aufmerksamkeit aus.

In dieser Stellung können Sie die beiden folgenden Imaginationsübungen machen:

1. Setzen Sie sich Jesus zu Füßen wie Maria,
die Schwester von Marta und Lazarus (vgl. Lukas 10,39). Gehen Sie Ihrem Gehör nach. Lau-
schen Sie zunächst auf die Geräusche in Ihrer
Umgebung, folgen Sie den Geräuschen, bis Sie

die Stimme des Herrn hören. Was sagt Ihnen
Jesus?

2. Ziehen Sie sich in Gedanken an irgendeinen
Ort zurück, an dem Sie glücklich waren. Neh-
men Sie den Ort in allen Einzelheiten auf: den
Ausblick, die Geräusche, die Gerüche, einen
Geschmack, eine Berührung. Beobachten Sie,
was Sie fühlen. Kehren Sie dann in die Wirk-
lichkeit zurück. Was fühlen Sie? Beobachten
Sie den Unterschied …

5

WEIHNACHTEN

Die Weihnachtsgeschichte:
Eine Betrachtung

1. Die Geburt Jesu (Lukas 2,1–20)
Friedlich und behutsam beginnen wir die Betrachtung der Geburt Jesu in Betlehem. Als sie dort waren, kam für Maria die Zeit ihrer Niederkunft, und sie gebar ihren Sohn, den Erstgeborenen. Sie wickelte ihn in Windeln und legte ihn in eine Krippe, weil in der Herberge kein Platz für sie war.

»Ich werde die Personen sehen: die Muttergottes, den Heiligen Josef, das Jesuskind. Ich werde bei ihnen bleiben, sie anschauen, sie betrachten und ihnen in ihren Nöten dienen« *(Geistliche Übungen 114).*

2. Hören, was die Engel sagen
Der Engel aber sagte zu ihnen: Fürchtet euch nicht, denn ich verkünde euch eine große Freude, die dem ganzen Volk zuteil werden soll:

Heute ist euch in der Stadt Davids der Retter geboren; er ist der Messias, der Herr. Und das soll euch als Zeichen dienen; ihr werdet ein Kind finden, das, in Windeln gewickelt, in einer Krippe liegt. Und plötzlich war bei dem Engel ein großes himmlisches Heer, das Gott lobte und sprach: Verherrlicht ist Gott in der Höhe, und auf Erden ist Friede bei den Menschen seiner Gnade (Lukas 2,10–14).

3. Hören, was die Hirten sagen
Kommt, wir gehen nach Betlehem, um das Ereignis zu sehen, das uns der Herr verkünden ließ (Lukas 2,15).

4. Schauen, was in Betlehem geschieht
Betrachten Sie, was im Stall von Betlehem geschieht: Maria kümmert sich um das Kind, wickelt es, stillt es. Josef versucht, es Mutter und Kind behaglich zu machen. Es herrscht viel Armut, aber auch viel Liebe und Freude ist da. Maria versucht zu verstehen: Maria aber be-

wahrte alles, was geschehen war, in ihrem Herzen und dachte darüber nach (Lukas 2,19). […]

5. Jesus wählt die Armut

Sehen Sie, warum Jesus das Leben in Armut
wählt: Denn ihr wisst, was Jesus Christus, unser
Herr, in seiner Liebe getan hat: Er, der reich
war, wurde euretwegen arm, um euch durch
seine Armut reich zu machen (2 Kor 8,9).

Mensch geworden

Als der Messias gekommen war,
hat sein Volk ihn nicht erkannt.
Er ist immer noch um die Wege.
Wann habe ich ihn zuletzt gesehen?
Ich denke an Augenblicke,
in denen ich Liebe schenkte …
und empfing …
Da ist Gott von neuem Mensch geworden.

Jedes Mal, wenn eine Erkenntnis mich befreite
und aufatmen ließ,
hat Gottes Wort sich von Neuem offenbart.

Der flammende Blick der Propheten
deckte unsere Sünde auf.
Jedes Mal flammte mein Herz auf,
wenn ich Unterdrückung und Ungerechtigkeit
    erfuhr.
Jedes Mal wurden meine verborgenen Tiefen

wie in einem Blitzstrahl erhellt
und meine Verschanzungen sichtbar …

Jedes Mal, wenn ich innerlich geheilt wurde,
streckte Jesus seine Hand nach mir aus
und berührte mich.
Und wenn ich Enttäuschungen, Dunkelheit
und Schmerz fühlte, rang er in seiner Passion.

Wenn ich voller Begeisterung einer Rede lauschte
oder ein Buch las
oder einen Film ansah …
so war es der Meister, der sie in mir erweckt
    hatte
und mich in seine Nachfolge rief.

Und war nicht er der Hohepriester,
der mich in meinem betenden Schweigen
mit Gott vereinte?

Ich versuche, mir solche Gnadenstunden
aus der jüngsten Vergangenheit zurückzurufen,

und bitte, der Herr möge heute wieder-
    kommen.

Dann stelle ich mir vor,
dass Gott mich zum Messias salbt,
und sehe mich bei allem,
was heute geschehen wird, in dieser Rolle.

Das Wort

Im Evangelium des Johannes lesen wir: Das Wort ward Fleisch und wohnte unter uns … durch das Wort entstanden alle Dinge; nichts wurde ohne Es geschaffen. Alles Entstandene war lebendig durch sein Leben, und dieses Leben war das Licht der Menschen. Das Licht scheint weiter in der Dunkelheit, und die Dunkelheit hat es nie ausgelöscht.

Blick unverwandt in die Dunkelheit. Es wird nicht lange dauern, bis du das Licht siehst. Betrachte alle Dinge schweigend. Es wird nicht lange dauern, bis du das Wort siehst. *Das Wort ward Fleisch; es wohnte unter uns …*

Es ist bitter, sehen zu müssen, wie krampfhaft versucht wird, das Fleisch wieder in Wort zurückzuverwandeln. Worte, Worte, Worte …

Ein Kind

Das erste auffallende Merkmal, das jeden anrührt, der in die Augen eines Kindes sieht, ist dessen Unschuld: das entzückende Unvermögen, einen anzulügen, eine Maske zu tragen, einem vorzumachen, etwas anderes zu sein, als es ist. Darin ist das Kind genau wie die übrige Natur. Ein Hund ist ein Hund, eine Rose eine Rose, ein Stern ein Stern; alles ist ganz einfach das, was es ist.

Nur der erwachsene Mensch kann das eine sein, und so tun, als sei er etwas anderes. Wenn Erwachsene ein Kind dafür bestrafen, dass es die Wahrheit sagt, dass es ausspricht, was es denkt und fühlt, lernt das Kind sich zu verstellen, und seine Unschuld wird zerstört. Bald wird es zur großen Masse derer zählen, die ratlos feststellen: »Ich weiß nicht, wer ich bin.« Denn indem Sie die Wahrheit über sich selbst vor anderen lange genug verstecken, verstecken Sie sie schließlich vor sich selbst. Wie viel von

der Unschuld der Kinder haben Sie noch bewahrt? Gibt es heute einen Menschen, in dessen Gegenwart Sie einfach und uneingeschränkt Sie selbst sein können, so unverhüllt offen und unschuldig wie ein Kind?

Es gibt eine andere feinsinnigere Weise, die Unschuld der Kindheit zu verlieren: wenn das Kind von dem Wunsch angesteckt ist, ein anderer zu werden. Denken Sie an die Scharen von Menschen, die alle Macht und Kraft daran setzen, nicht das zu werden, was sie der Natur nach werden sollten – Musiker, Koch, Mechaniker, Zimmermann, Gärtnerin, Erfinder –, sondern ein anderer zu werden: erfolgreich, berühmt, mächtig; etwas zu werden, was nicht stille Selbsterfüllung bringt, sondern Selbstverherrlichung und Selbstaufwertung.

Sie haben dann Menschen vor sich, die ihre Unschuld verloren haben, weil sie sich dafür entschieden, nicht sie selbst zu sein, sondern sich hervorzutun, Eindruck zu machen, und sei es auch nur in ihren eigenen Augen.

115

Wie ist es denn in Ihrem eigenen Leben? Gibt es einen einzigen Gedanken, ein einziges Wort, eine einzige Tat, die nicht vom Wunsch beeinträchtigt wären, ein anderer zu werden, auch wenn alles, was Sie zu erlangen suchen, geistlicher Erfolg sein sollte oder Sie ein Heiliger werden möchten, den kein anderer kennt als Sie selbst? Das Kind überlässt es – nicht anders als das unschuldige Tier – seiner Natur, um das zu sein und zu werden, was es ist. Ein Erwachsener, der seine Unschuld bewahrt hat, fügt sich wie das Kind dem Drang der Natur und seiner Bestimmung, ohne einen Gedanken daran, eine bedeutende Persönlichkeit werden zu wollen und andere zu beeindrucken. Doch anders als Kinder verlassen sich Erwachsene auf kein Gefühl, es bleibt ihnen nur der Weg des fortwährenden Sichbewusstmachens von allem in ihnen und um sie herum; dieses Gewahrwerden ist es nun, das sie vor Bösem schützen und ihnen das Wachstum bringen kann, das die Natur für sie vorgesehen

hat und nicht von ihrem ehrgeizigen eigenen
Selbst erdacht wurde.

Hier ist eine weitere Methode, mit der Erwachsene die Unschuld von Kindern verder-
ben: Sie lehren das Kind, jemanden nachzuah-
men. Sobald sie ein Kind zu einer Kopie
machen, zertreten sie den Funken der Einmaligkeit, mit dem es auf die Welt kam. Sobald Sie
wie jemand anderer werden wollen – sei er oder
sie noch so großartig und heilig –, haben Sie Ihr
Wesen verkauft. Denken Sie betrübt an den
göttlichen Funken der Einmaligkeit, der in Ihnen ist und unter Schichten von Angst glüht.
Die Angst davor, verspottet oder abgelehnt zu
werden, wenn Sie es wagen, Sie selbst zu sein,
und sich weigern, sich automatisch – durch Ihre
Kleidung, die Art Ihres Denkens und Han-
delns – anzupassen.

Erkennen Sie, dass Sie sich nicht nur in Ihrem Denken und Tun, sondern auch in Ihren
Reaktionen, Ihrem Empfinden, Ihren Einstel-
lungen und Wertvorstellungen anpassen. Sie

117

wagen es nicht, dieses Sich-Preisgeben aufzu-
geben und Ihre ursprüngliche Unschuld zu-
rückzufordern. Es ist der Preis, den Sie für die
Aufnahme in Ihre Gesellschaft oder Gruppe
zahlen müssen. Damit treten Sie in der Welt
der Liebediener und der Überwachten ein und
sind ausgeschlossen aus dem Reich, das der
kindlichen Unschuld gehört […]

Ein anderer subtiler Weg, Ihre Unschuld zu
zerstören, besteht schließlich darin, mit anderen in Konkurrenz zu treten und sich mit ihnen
zu vergleichen. […] Kinder sind deshalb fähig,
ihre Unschuld zu bewahren und wie die übrige
Schöpfung in der Seligkeit des Himmelreiches
zu leben, weil sie nicht von dem aufgesogen
worden sind, was wir die Welt nennen: diesen
Bereich der Dunkelheit, der von den Erwachse-
nen bewohnt wird, die ihr Leben nicht mit Leben verbringen, sondern damit, Applaus und
Bewunderung zu erheischen; nicht in seligem
Selbstsein, sondern in zwanghaftem Vergleichen und Wetteifern, im Streben nach Nichtig-

keiten wie Erfolg und Ruhm, selbst um den Preis von Niederlagen, Erniedrigungen und Zugrunderichten anderer. Wenn Sie es sich zugestehen, die Qualen dieser Hölle auf Erden wirklich zu empfinden, die ausgesprochene Leere, die sie bringt, werden Sie gewiss bald aufbegehren, eine Abneigung spüren, die so tief ist, dass sie die Ketten der Abhängigkeit und Täuschung sprengt, die um Ihre Seele geschmiedet wurden. Dann werden Sie eintreten in das Himmelreich der Unschuld, in dem die Mystiker und Kinder wohnen.

Angenommen sein

Jahrelang war ich neurotisch. Ich war ängstlich und depressiv und selbstsüchtig. Und jeder sagte mir immer wieder, ich sollte mich ändern. Und jeder sagte mir immer wieder, wie neurotisch ich sei. [...] Was mich am meisten schmerzte, war, dass mein bester Freund mir auch immer wieder sagte, wie neurotisch ich sei. Auch er wiederholte immer wieder, ich sollte mich ändern. Auch ihm pflichtete ich bei, aber zuwider wurde er mir nicht, das brachte ich nicht fertig. Ich fühlte mich so machtlos und gefangen.

Dann sagte er mir eines Tages: »Ändere dich nicht. Bleib, wie du bist. Es ist wirklich nicht wichtig, ob du dich änderst oder nicht. Ich liebe dich so, wie du bist. So ist es nun einmal.«

Diese Worte klangen wie Musik in meinen Ohren: ›Ändere dich nicht, ändere dich nicht ... ich liebe dich.‹

Und ich entspannte mich, und ich wurde lebendig, und Wunder über Wunder, ich änderte mich!

Jetzt weiß ich, dass ich mich nicht wirklich ändern konnte, bis ich jemanden fand, der mich liebte, ob ich mich nun änderte oder nicht.

Liebst du mich auf diese Weise, Gott?

Wie die Rose

Vergleichen Sie die heitere, stille Pracht einer blühenden Rose mit der Anspannung und Rastlosigkeit Ihres Lebens. Die Rose besitzt eine Gabe, die Sie nicht haben: Sie ist ganz und gar damit zufrieden, sie selbst zu sein. Ihr wurde nicht von klein auf eingeflößt, mit sich selbst unzufrieden zu sein, und so verspürt sie nicht das leiseste Drängen, etwas anderes zu sein, als sie ist. Daher besitzt sie natürliche Anmut und kennt keinen inneren Zwiespalt, wie es unter Menschen nur den Kindern und Mystikern gegeben ist.

Betrachten Sie Ihren eigenen traurigen Zustand. Immerfort sind Sie mit sich unzufrieden, wollen sich ändern. Darum sind Sie voller Gewalttätigkeit und Unduldsamkeit sich selbst gegenüber, was sich umso mehr steigert, je angestrengter Sie sich ändern wollen. Dadurch wird jede Veränderung, die Sie erreichen, von einem

inneren Konflikt begleitet. Und Sie leiden, wenn Sie andere sehen, die erreichen, was Ihnen nicht gelingt, und die das werden, was Sie nicht sind.

Würde Sie auch dann noch Eifersucht und Neid quälen, wenn Sie wie die Rose mit dem zufrieden wären, was Sie sind, und nie nach dem trachten, was Sie nicht sind? Doch es drängt Sie – oder etwa nicht? –, so zu sein wie Ihr Nachbar, der ein größeres Wissen hat, besser aussieht, erfolgreicher oder beliebter ist als Sie? Sie möchten größere Tugenden besitzen, liebevoller sein, meditativer; Sie möchten Gott finden, Ihren Idealen näherkommen. Denken Sie an die traurige Geschichte Ihrer Anstrengungen, sich selbst zu verbessern, die entweder in einer Katastrophe endeten oder nur zum Preis von Kampf und Schmerz zum Erfolg führten.

Nehmen wir nun an, Sie geben alle Anstrengungen auf, sich selbst ändern zu wollen, und auch alle Unzufriedenheit mit sich selbst – wären Sie dann dazu verurteilt, sich schlafen zu

legen und alles in und um sich passiv hinzuneh-
men? Zwischen angestrengtem Sich-selbst-
Zwingen auf der einen Seite und träger Hin-
nahme auf der anderen gibt es noch einen
anderen Weg: den des Selbstverstehens. Es ist
durchaus kein einfacher Weg, weil er vollstän-
digen Verzicht auf jegliches Bemühen verlangt,
sich von dem, was Sie sind, in etwas anderes zu
verändern. […] Dann werden Sie feststellen,
dass etwas Wunderbares mit Ihnen geschieht:
Das Licht des Bewusstwerdens wird Sie durch-
fluten, und Sie werden offen und verändert
sein.

Wird dann ein Wandel stattfinden? Durchaus: bei Ihnen und in Ihrer Umgebung. Er wird
aber nicht durch Ihr raffiniertes, rastloses eige-
nes Ich zustande gebracht, das in seiner Intole-
ranz und seinem Ehrgeiz ewig wetteifert, ver-
gleicht, erzwingt, predigt und Einfluss zu
nehmen versucht – und dadurch Spannung,
Konflikt und Widerstand zwischen Ihnen und
der Natur hervorruft: ein überaus anstrengen-

der, selbstzerstörerischer Vorgang – als würde man mit angezogener Bremse fahren. Nein, das verwandelnde Licht des Bewusstwerdens wischt Ihr ränkeschmiedendes, selbstsüchtiges Ego weg und lässt der Natur freien Lauf, damit die Art von Veränderungen eintreten kann, die sie bei der Rose bewirkt: natürlich, anmutig, unbefangen, gesund, von inneren Konflikten unberührt.

So lebt sie in der Glückseligkeit und Schönheit wie die Vögel des Himmels und die Blumen des Feldes, ohne eine Spur von Unruhe und Unzufriedenheit, Eifersucht, Angst und Konkurrenzkampf, diesen Kennzeichen der Welt der Menschen, die zu kontrollieren und erzwingen suchen, anstatt zufrieden da zu sein in dem Bewusstsein, alle Verantwortung der mächtigen Kraft Gottes in der Natur zu überlassen.

Was sich zu wissen lohnt

Ein Gespräch zwischen einem kürzlich zu Christus bekehrten Mann und einem seiner ungläubigen Freunde:

»Du bist also zu Christus bekehrt worden?«

»Ja.«

»Dann musst du eigentlich gut über ihn Bescheid wissen. Sag mir: In welchem Land wurde er geboren?«

»Das weiß ich nicht.«

»Wie alt war er, als er starb?«

»Das weiß ich nicht.«

»Wie viele Predigten hat er gehalten?«

»Das weiß ich nicht.«

»Du weißt aber wirklich sehr wenig für jemanden, der behauptet, zu Christus bekehrt worden zu sein!«

»Du hast recht. Ich schäme mich, so wenig von ihm zu wissen. Aber so viel weiß ich: Noch vor drei Jahren war ich ein Trinker. Ich hatte

Schulden. Meine Familie brach auseinander. Meine Frau und Kinder fürchteten sich jeden Abend vor meiner Heimkehr. Aber jetzt habe ich das Trinken aufgegeben; wir haben keine Schulden mehr; wir sind eine glückliche Familie. Meine Kinder erwarten mich ungeduldig jeden Abend. Das alles hat Christus für mich getan. So viel weiß ich von Christus!«

Liebe freisetzen!

Das Reich Gottes ist Liebe. Was heißt lieben?
Es heißt: empfindsam zu sein gegenüber dem
Leben, den Dingen, den Menschen; ein
Gespür zu haben für alles und jeden, ohne
etwas oder jemanden auszuschließen.

Quellenverzeichnis

Die Texte dieses Buches hat Ludger Hohn-Morisch aus folgenden Büchern von Anthony de Mello ausgewählt. Sie sind alle im Verlag Herder, Freiburg im Breisgau erschienen.

Dass ich sehe. Meditationen des Lebens. Aus dem Englischen von Mathilde Wiemann, 6. Auflage 1994. © Gujarat Sahitya Prakash, Anand/Indien 1984; für die deutschsprachige Ausgabe: © Verlag Herder GmbH, Freiburg im Breisgau.

Der springende Punkt. Wach werden und glücklich sein. Herausgegeben von J. Francis Stroud. Aus dem Englischen von Irene Johna, Neuausgabe 2011. © by the Center for Spiritual Exchange 1990; published by Doubleday Religion, The Crown Publishing Group, Random House, Inc.; für die deutschsprachige Ausgabe: © Verlag Herder GmbH, Freiburg im Breisgau.

Die Fesseln lösen. Einübung in erfülltes Leben. Aus dem Portugiesischen von Irene Johna, Neuausgabe 2012. © Edições Loyola, São Paulo/Brasilien 1992; für die deutschsprachige Ausgabe: © Verlag Herder GmbH, Freiburg im Breisgau.

Mit allen Sinnen meditieren. Anstöße und Übungen.
Aus dem Portugiesischen von Irene Johna, 1997. ©
Edições Loyola, São Paulo/Brasilien 1996; für die
deutschsprachige Ausgabe: © Verlag Herder GmbH,
Freiburg im Breisgau.

Von Gott berührt. Die Kraft des Gebetes. Aus dem
Englischen von Radbert Kohlhaas, 7. Aufl. 1998. ©
Gujarat Sahitya Prakash, Anand/Indien 1990; für die
deutschsprachige Ausgabe: © Verlag Herder GmbH,
Freiburg im Breisgau.

Warum der Schäfer jedes Wetter liebt. Weisheitsgeschichten. Aus dem Englischen von Ursula Schottelius, Neuausgabe 2005. © Gujarat Sahitya Prakash,
Anand/Indien 1988; für die deutschsprachige Ausgabe: © Verlag Herder GmbH, Freiburg im Breisgau.

Warum der Vogel singt. Weisheitsgeschichten. Aus
dem Englischen von Ursula Schottelius, Neuausgabe
2005. © Gujarat Sahitya Prakash, Anand/Indien
1984; für die deutschsprachige Ausgabe: © Verlag
Herder GmbH, Freiburg im Breisgau.

Wie ein Fisch im Wasser. Anleitung zum glücklichen
Leben. Aus dem Englischen von Franz Johna, Neu-
ausgabe 2005. © Gujarat Sahitya Prakash, Anand/
Indien 1992; für die deutschsprachige Ausgabe:
© Verlag Herder GmbH, Freiburg im Breisgau.

Inhaltsverzeichnis

Die Bücher von Anthony de Mello entstanden in einem multireligiösen Kontext und sollten Anhängern anderer Religionen, Agnostikern und Atheisten eine Hilfe bei ihrer geistlichen Suche sein. Dieser Intention des Autors entsprechend sind sie nicht als Darstellungen des christlichen Glaubens oder als Interpretationen katholischer Dogmen zu verstehen.
X. Diaz del Rio S.J., Gujarat Sahitya Prakash

Weitere Titel von
Anthony de Mello

SADHANA – Ein Weg zur Achtsamkeit
Meditationen für jeden Tag
ISBN 978-3-451-32582-3

Der springende Punkt
Wach werden und glücklich sein
ISBN 978-3-451-33152-7

Zeiten des Glücks
Geschichten für Herz und Seele
Hg. von Anton Lichtenauer
ISBN 978-3-451-07111-9

Die Fesseln lösen
Einübung in erfülltes Leben
ISBN 978-3-451-06433-3

Perlen der Weisheit:
Die schönsten Texte von
Anthony de Mello
ISBN 978-3-451-07155-3

HERDER

Für die schönste Zeit des Jahres

Margot Käßmann
Die Botschaft der Engel
Die Weihnachtsgeschichte zum
Staunen und Lesen
Mit Kunstdrucken von John August Swanson
Kreuz Verlag in der Verlag Herder GmbH
96 Seiten | durchgehend farbig
ISBN 978-3-451-61112-4

Anselm Grün
Das große Buch der Weihnachtszeit
Das schönste Fest des Jahres neu erleben
192 Seiten | durchgehend farbig
ISBN 978-3-451-30672-3

Pierre Stutz
Jeder Mensch hat seinen Stern
Der spirituelle Adventskalender
Spiralbindung | durchgehend farbig
ISBN 978-3-451-31057-7

Der Hosentaschen-Adventskalender 2012
26 Seiten | geblockt | durchgehend farbig
ISBN 978-3-451-30598-6

HERDER

Wunderbare

Anthony de Mello
Weise Weihnachten
144 Seiten | Paperback
ISBN 978-3-451-07145-4

Phil Bosmans
Weihnachten mit Herz
144 Seiten | Paperback
ISBN 978-3-451-07146-1

Christa Spilling-Nöker
O wunderbare
Weihnachtszeit
160 Seiten | Paperback
ISBN 978-3-451-07148-5

In jeder Buchhandlung

HERDER
Lesen ist Leben

Weihnachten

**Im Licht des
Weihnachtssterns**
Hg. von Ulrich Sander
160 Seiten | Paperback
ISBN 978-3-451-07149-2

**Anselm Grün
Das kleine Buch der
Weihnachtsfreude**
160 Seiten | Paperback
ISBN 978-3-451-07147-8

Das Hörbuch:
Gelesen von
Heiner Heusinger
CD im Digipack
ISBN 978-3-451-31998-3

HERDER
Lesen ist Leben

www.herder.de

HERDER spektrum Band 7145

MIX
Papier aus verantwor-
tungsvollen Quellen
FSC® C106847

Überarbeitete Neuausgabe von
Weihnachten mit Anthony de Mello
Zusammengestellt von Ludger Hohn-Morisch
© Verlag Herder GmbH, Freiburg im Breisgau 2001

© Verlag Herder GmbH, Freiburg im Breisgau 2012
Alle Rechte vorbehalten
www.herder.de

Umschlagkonzeption und -gestaltung:
RME Eschlbeck / Hanel / Gober
Umschlagmotiv: © Mauritius Images
Vignette im Innenteil: © Designbüro Gestaltungssaal
Sabine Hanel, Alexandra Gober

Herstellung: fgb · freiburger graphische betriebe
www.fgb.de

Printed in Germany

ISBN 978-3-451-07145-4